# LA GUERRE !

## DIEU LE VEUT !

PAR

### JEAN-ISIDORE ROUS

Bachelier ès-lettres,
Membre correspondant de l'Académie des Jeux Floraux de Toulouse.

**Prix : 30 centimes.**

## CHEZ TOUS LES LIBRAIRES

—

## MAI 1859

—

HAVRE. — Imprimerie Commerciale COSTEY FRÈRES, libr.-éd., rue de l'Hôpital, 4 et 6.

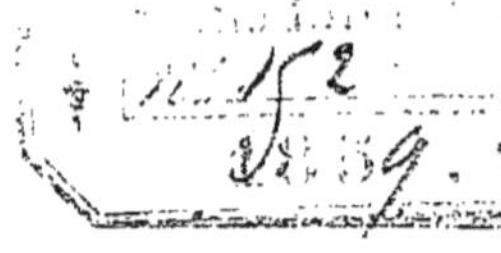

# LA GUERRE !

## DIEU LE VEUT !

L'heure vient de sonner. — La guerre décidera du sort de l'Italie. La France est engagée, — qui pourrait la faire reculer ? — Notre valeureuse armée foule un sol riche en souvenirs !...

Depuis Charlemagne jusqu'à Napoléon III, — rapprochement que la Providence, dans ses sages desseins, a cru devoir faire pour la gloire de notre patrie, — que de combats, que de victoires !... La papauté, à mille ans d'intervalle, est restaurée par deux souverains français, deux empereurs !...

— A mille ans d'intervalle, l'Italie devra son indépendance à deux souverains français, deux empereurs. — Qui pourrait douter de la force de nos armes, de l'intrépidité de nos soldats ; — qui pourrait oser dire que nous ne sommes plus les enfants des héros de Lodi, de Castiglione, d'Arcole, de Marengo ?... aurions-nous dégénéré ?... Non !

Sans doute qu'un pays comme le nôtre, qu'une nation qui s'élève au-dessus de toutes les autres nations par son intelligence, son génie, ne saurait voir, dans la guerre, un moyen d'oppression encore moins de conquête ; — et cependant, quelques pessimistes persistent à croire et à faire croire que ce n'est ni pour l'indépendance de l'Italie, ni pour la civilisation, ni pour la cause de la justice et de l'humanité que notre armée est en Piémont.

Pour quelle cause serions-nous donc allés combattre ? — Quel rôle jouerait la France en cette circonstance ? — Pour quoi et pour qui sacrifierait-elle ses soldats, son or ?...Un but n'est-il pas assigné à tout ?.... Ce but là, pourrait-on nous le conduit, — Grâce à Dieu, tout soldat, chez nous, sait où on le cacher ? il sait pourquoi il va se battre, car il lit dans la pensée de celui qui le commande, et cette pensée devient la sienne ! (1) — Il accomplit, alors, ces prodiges de valeur dont les pages de l'histoire débordent : — et combien en est-il, de ces prodiges, qui sont restés dans l'oubli !...

# I.

## La France combat en faveur de l'Italie et pour son indépendance.

La France, même en plein moyen-âge, — époque la moins civilisée, — a toujours été pour l'Italie, non-seulement une nation amie, mais une nation *protectrice*. J'ai cité Charlemagne, car le grand empereur, confirmant ce que Pépin-le-Bref avait fait, agrandit la papauté et la rendit pour ainsi dire indépendante (2). La papauté, alors, c'était la *liberté* ; les peuples l'adoraient, l'Italie ne vivait que par elle et pour elle,

---

(1) Voir le texte de l'ordre du jour que le maréchal Canrobert a adressé à ses troupes à Alexandrie.

(2) Le pape Etienne appelle Pépin en Italie. Astolphe roi des Lombards est vaincu. Il perd les villes de l'Exarchat de Ravenne et de la Pentopole. Pépin en fait donation au Pape (754-756). *(Hist. de France*, par de Genoude.)

— elle était le phare des nations, — Rome régnant par la foi éclipsait Rome régnant par les armes, — et Dieu seul sait ce qu'il en aurait été de l'Europe et du monde, si cette arche divine avait sombré !.. — L'humanité, sans nul doute, aurait été arrêtée dans sa marche, et le progrès civilisateur en serait peut être encore à ses premiers bégayements (1).

De nos jours, un autre empereur, Napoléon III, a fait pour la papauté ce qu'avait fait son devancier de mille ans. Le Pape, chassé de Rome, rentre dans Rome appuyé par les armes victorieuses de la France. — Dans ce fait, nous ne voulons voir qu'un rapprochement providentiel, rien de plus. Si on nous dit que nous sommes dans l'erreur, — que la liberté a été sacrifiée, nous répondrons ceci : — Que, malheureusement, au milieu des nations les plus civilisées, il se trouve toujours des barbares, *ennemis de toute société,* et que les temps ne sont pas encore bien éloignés de nous, où la France elle-même était menacée par la barbarie ; qu'on l'a vue, cette barbarie, — personne ne l'ignore, — se promener partout, semer partout l'horreur et l'épouvante !... Est-ce à dire qu'elle représentait la liberté ?...

Est-ce à dire aussi, qu'en combattant pour l'indépendance de l'Italie, nous combattons en faveur de ces mêmes hommes qui firent la révolution de 1848, que nous chassâmes de Rome, et qui, aujourd'hui, se trouvent presque dans nos rangs ? — Ne sont-ils pas, avant tout, Italiens ? — Ils ne se battront que pour la gloire de leur patrie. Travailler à un affranchissement, ce n'est pas travailler à une révolution. Défendre son pays contre l'invasion étrangère, c'est obéir aux lois naturelles ; — défendre sa femme, ses enfants, sa maison, son

---

(1) La destruction du royaume des lombards, assura l'indépendance de l'Italie. Charlemagne encouragea les progrès de la littérature, et fonda les universités de Pavie et de Bologne. *(Histoire littéraire de l'Italie,* par Ginguené.)

champ, n'est-ce pas s'armer au nom de Dieu?... — Et vous, pauvres trembleurs, — égoïstes, pessimistes, alarmistes, — ne seriez-vous pas heureux de trouver en de si terribles circonstances, des cœurs valeureux qui se sacrifient pour vous?...

Que ce soit à titre de conquérants ou à titre de libérateurs, lorsque les français ont foulé le sol italien, l'Italie a respiré (1). Voyez Bonaparte : — le peuple l'acclame, les villes lui ouvrent leurs portes... l'Italie divisée ne forme plus qu'une seule famille ; — ses chaînes brisées, ses tyrans anéantis, elle rend grâce à CELUI qui l'a sauvée, et l'aide dans sa mission toute divine, où la *liberté* suivait la *conquête*. Hélas ! l'Italie devait succomber avec lui, aux jours des lâches trahisons.

Ainsi elle se dévoua à la France, parce que la France lui avait apporté la *liberté*. — C'est sous les drapeaux de la République et de l'Empire qu'elle se rangea. — Italiens et Français ne firent plus qu'un. — L'Europe vit cette union, et l'Europe en frémit, car ces deux nations-là, à quoi ne pouvaient-elles pas prétendre?... La Rome des empereurs avait son ROI, l'Orient son MAITRE !... Un nouveau monde se préparait ; ce monde, la France et l'Italie allaient le faire naître... il aurait effacé, par son éclat, les siècles réputés immortels !... — Qui sait où l'homme se serait arrêté, poussé par le *génie* et la *liberté* !... — Mais l'heure ne devait pas encore sonner :

---

(1) Charles VIII fut appelé en Italie par le vœu de la plupart des Etats italiens qui gémissaient sous un gouvernement oppressif et attendaient un libérateur dans le roi de France. (1494. *Hist. de France.*)

Louis XII, après avoir conquis le Milanais, réduisit les taxes de deux tiers, fit rendre une justice exacte, établit à Milan un parlement composé de magistrats intègres, et retourna en France, laissant au-delà des Alpes une égale renommée de grandeur et de bonté. (*Hist. d'Italie* par Regnier-Desmarais.)

François Ier puisa en Italie son goût pour les arts, il envoya une chaîne d'or à l'Arétin. (*Hist. littéraire de l'Italie,* par Ginguené.)

génie et liberté, ils tombèrent tous deux, tous deux furent chargés de chaines !...

L'un mourut, ce n'était qu'un homme, — l'autre devait vivre : c'était une nation, un peuple, une idée !

Enfin, après avoir attendu 44 ans, après avoir supporté la plus rude oppression, le plus long des martyres, l'Italie se réveille ! — On la croyait morte, elle n'était qu'endormie.

Aux armes !... ce cri se répète depuis l'Adriatique jusqu'aux Apennins, depuis l'Etna jusqu'aux Alpes.—Aux armes ! Guerre à l'oppresseur !... Guerre ! guerre ! Dieu le veut !...

Oui, Dieu veut cette guerre, car elle est sainte, presque divine ! — Elle est sainte, puisqu'elle se fait au nom de la *liberté* qui ne sera point souillée ; de la Liberté, cette sœur de la Foi, de l'Espérance et de la Charité ! — Elle est divine, car le trône de St-Pierre est en péril, car le Vicaire de Jésus-Christ est menacé, et que c'est aussi combattre pour la religion, que de combattre pour l'indépendance !

Oui, Dieu veut cette guerre, parce qu'elle est juste ! — Elle est juste, car le ciel lui-même a toujours été propice à toutes les nations injustement opprimées ; car il leur a, de tout temps, suscité des vengeurs ! — Voyez le peuple hébreu délivré de la servitude d'Egypte, et marchant à la conquête de la terre de Chanaan, *cette promesse de liberté !*... — le général de Nabuchodonosor, frappé par une femme que le ciel inspire, conduit et soutient, et qui sauve la Judée tout entière !.., — la mission de Jeanne-d'Arc accomplie en France, l'exemple le plus frappant des desseins du Seigneur sur un peuple qu'il aime !...

Oui, Dieu veut cette guerre, parce qu'elle se fait au nom de l'humanité. — C'est au nom de l'humanité que la France se lève ! — Qui ne se rappelle les sanglants épisodes qui, de nos jours, se sont passés en Italie ? — Qui ne se rappelle le siège de Brescia, digne d'un peuple barbare, et dont les horreurs ont soulevé toutes les poitrines d'indignation ? — Oui, c'est au nom de l'humanité que nos soldats vont combattre !...

J'en appelle à tous les Français, à tous les partis. Ah ! lorsqu'il s'agit de la gloire de notre patrie, tous les cœurs doivent battre d'un même accord, — nous devons avoir là même pensée, — la France n'est-elle pas notre mère ?...

On ne veut pas reconstruire l'empire de Charlemagne, détruire l'équilibre européen, ni travailler pour la démagogie. — L'Autriche oblige la France à tirer l'épée malgré elle, mais la France est et sera toujours pacifique ; — elle n'oubliera pas que si elle combat pour l'indépendance d'un peuple ami, ce n'est pas pour s'imposer à ce peuple. L'Empire c'est la paix, — si nous avons la guerre, il ne faut s'en prendre qu'à la mauvaise foi d'un cabinet qui nous a été de tout temps hostile. — Mais cette guerre sera de courte durée. La France et l'Italie ont pour elles toutes les nations civilisées, tandis que l'Autriche est abandonnée à elle-même. Le résultat ne saurait être douteux. Là où est le droit est aussi la force ; — la Providence bénit les causes justes, elle marche avec elles et les fait vaincre ! — Encore quelques jours, et l'Empire de 1859 n'aura rien à envier à celui de 1809 !

Sous ce titre : *Napoléon III, l'homme aux plus grands attentats du XIX<sup>e</sup> siècle*, le gouvernement de François-Joseph a laissé publier un pamphlet contre les intentions avouées de l'Empereur et de la France. — Cette ignoble injure, émanant d'une presse autrichienne, peut prendre rang parmi toutes celles que publie journellement le cardinal de Vienne. — Ce n'est ni plus ni moins que la reconstruction de l'Empire de 1811, qui nous est annoncée. — Il faut courir sus à Paris, ou bien gare à l'Autriche et à l'Allemagne ! — Napoléon III veut l'Italie, puis la frontière du Rhin, les Pays-Bas, la Belgique ; — il veut rétablir la Confédération Rhénane, fonder un nouveau grand duché dé Berg, un nouveau royaume de Westphalie, etc., etc., — sans compter ensuite les insultes qui nous sont adressées, par dessus le marché, avec une cynique effronterie ! En présence d'une semblable abberration, il ne faut qu'aller en avant ! — Il est à croire que tous ces misérables pamphlétaires, — à qui l'Autriche a promis des places ne pouvant les payer, — tiendront dans quelques jours d'ici un tout autre langage.

## II.

### La France combat pour la cause de la Civilisation et de l'Humanité.

Dans notre monde moderne, l'Italie est un autre Ashavérus ; elle plante sa tente pour une nuit, et se remet en marche dès l'aurore. — Depuis près de huit siècles elle va ainsi, semant sans que rien ne mûrisse, attendant une moisson impossible. — Les rayons de son soleil s'éteignent de plus en plus. Encore quelques années, et ce malheureux pays sera rempli d'ombres. — Son nom s'effacera du livre des nations, — et les poètes, les sculpteurs, les peintres, les navigateurs, les astronomes qui ont fait sa gloire, descendront du piédestal que leur éleva la postérité, pour aller orner les palais de l'ennemi de tout progrès !

Là où passe l'Autriche, passe aussi la destruction. — Depuis ses généraux jusqu'au dernier de ses soldats, ce ne sont que Vandales par qui rien n'est respecté. — En plein dix-neuvième siècle, souffrirons-nous que les barbares viennent une fois encore frapper au cœur la civilisation ?.....

Ne nous le dissimulons pas. Cette guerre n'est autre chose que la guerre de la civilisation contre la barbarie. Toutes les nations progressent : seule, l'Autriche garde son vieux système. — On dirait qu'elle veut se faire une gloire de protester, par son ignorance, contre l'intelligence qui surgit de tous les points du globe. — Cette autorité tyrannique dont s'entoure son gouvernement, aveugle et ses hommes d'État et le prince lui-même. Insensés ! qui ne voient pas que dans cette lutte qui sera la dernière, — il faut l'espérer, — le ciel lui-même est contre eux, et il ne leur restera même pas, après la défaite, la pitié qui console et ennoblit !

Et nous, Français, que ne lui devons-nous pas à cette Autriche, de tout temps notre implacable ennemie ? Depuis le manifeste de Brunsvick jusqu'au honteux traité de 1815, il n'est pas une bassesse, une infâmie, une trahison dont nous ne puissions l'accuser !... — Sa politique tortueuse n'a-t-elle pas voulu nous faire un crime de notre grande révolution ? — N'est-ce pas à elle que nous devons l'assassinat juridique de Louis XVI ? — à elle la chute de l'Empereur ? — à elle la mort hâtive et prématurée du jeune duc de Reichstadt ? — Et dans toutes les questions qui ont agité l'Europe, n'a-t-elle pas travaillé sourdement à notre abaissement ? — L'insulte nous a-t-elle manqué ? — Qui ne se rappelle sa lâche conduite en 1815 ! — N'osa-t-elle pas proposer le renversement de la colonne Vendôme, cette sublime histoire d'un héros et d'un peuple, écrite sur le bronze avec du fer et du sang ! — Elle n'a pas eu honte, aux yeux de toutes les nations civilisées, d'abriter son drapeau sous celui d'Ibrahim à la fameuse bataille navale de Navarin, alors que la Chrétienté combattait en faveur de la Grèce. Notre grand poète, Victor Hugo, l'a flétrie en ces vers :

« Je te retrouve Autriche ! — Oui, la voilà, c'est elle !
» Non pas ici, mais là, — dans la flotte infidèle.
» Parmi les rangs chrétiens en vain on te chercha.
» Nous surprenons honteuse et la tête penchée,
   » Ton aigle au double front cachée,
   » Sous les crinières d'un pacha.

(Navarin. — LES ORIENTALES.)

Tout récemment encore, ne l'avons-nous pas vue s'engager dans des sentiers honteux, et peu dignes d'une nation, pendant que tous les yeux étaient tournés vers la Crimée? — Elle est notre ennemie, quand tous les peuples s'allient à nous. Lorsque le nom de la France retentit d'un pôle à l'autre pôle, seule, sa voix s'élève pour flétrir notre gloire; — elle bave sur nos triomphes, — elle a osé nous frapper dans nos revers qu'elle sut préparer !....

Et voyez, au jour où nous sommes, avant même que l'Empereur ne se fut prononcé sur la question italienne, et que notre armée n'eût franchi les Alpes, — voyez quelle croisade a été prêchée contre nous !—Les soldats autrichiens ont porté des toast avinés, sanguinaires, liberticides contre la France ! Ils ont bu à leur prochaine entrée dans Paris. D'insolentes bravades, traversant le Rhin, sont venues frapper nos oreilles, mais nous ont trouvé indifférents. Néanmoins, sous notre épiderme bat un cœur, et ce cœur ne peut supporter l'injure d'un *Pandour* !—Le gouvernement de l'Empereur d'Autriche a approuvé l'indigne conduite de son armée, il en est devenu le complice !—Aujourd'hui donc tout leur est commun, et notre mépris, passant par dessus les baïonnettes, atteindra le souverain qui n'a pas su se respecter.

Noble France ! — il n'appartient qu'à toi de t'armer pour la délivrance d'un peuple opprimé. C'est ta mission, à toi, nation prédestinée. — Dieu te guide ! — et c'est toujours aux grandes époques, qu'il t'a été donné d'être gouvernée par un souverain sur la tête duquel tu as fait reposer toutes tes affections. — Napoléon III, fidèle aux nobles traditions de son oncle, — saluons cette grande figure en passant, — après t'avoir procuré la paix à l'intérieur, assuré ton bien-être, fort de son droit qui est le tien, jaloux de ton honneur, va conduire tes fils à la victoire !

Groupez-vous autour de lui, légitimistes, orléanistes, républicains !

Paix, concorde, union !

Lorsque le monde entier a les yeux sur la France, présentons-lui le spectacle d'une nation unie, digne de son glorieux passé !

Unissons-nous ! — Que toutes les haines, que toutes les divisions s'éteignent et disparaissent : — Imposons silence à la médisance, à la calomnie, à la peur !... serrons nos rangs, — soyons forts ! — Un seul homme, aujourd'hui, représente la France. Sa main est armée de l'épée d'un héros qui commandait à la victoire, — suivons-le, suivons l'Empereur !

Tout nous y invite : — Voyez les petits-fils de Louis-Philippe, — de ce roi déchu, — l'armée du Piémont les reçoit dans ses rangs ; ils se battront comme soldats, mais ils s'associeront à nos triomphes, — car leur cœur est Français, — et tout ce qui touche à la France les touche. Ils combattront de loin, mais en regardant notre drapeau qui est aussi le leur ! — Ils vaincront avec nous, et notre gloire sera leur gloire.

C'est encore ce pauvre exilé d'y il y a vingt-neuf ans, qui traîne son existence de pays en pays, — juif-errant de la royauté, condamné à voir des révolutions s'accomplir en France, des trônes se briser, sans que celui de ses aïeux puisse jamais se relever, — et qui sort de l'Autriche où il résidait il y a quelques jours, pour ne pas vivre au milieu d'un peuple ennemi de Celui qu'il a appris à aimer !

Ce sont enfin les républicains qui sentent se réveiller en eux leur instinct batailleur. Tout les pousse vers cette Italie dont ils ont rêvé depuis longtemps l'affranchissement. Ils suivent le vol de nos aigles, — et obéissant à ce vent qui souffle dans les hautes régions, et pousse tous les nobles cœurs à embrasser la cause italienne, ils applaudissent à l'Empereur qui nous commande.

Union ! union ! groupons-nous autour de Napoléon III !

Union ! car l'union fait la force, et avec elle nous vaincrons.

Guerre à l'Autriche ! — cette éternelle ennemie de la France !

Guerre à l'Autriche ! — ce bourreau des nations civilisées !

Guerre à l'Autriche ! — Qu'elle soit vaincue, écrasée, mise au ban des nations, jugée par elles, soufffetée par elles !

Guerre ! guerre ! Dieu le veut !...

Jean-Iisidore ROUS.

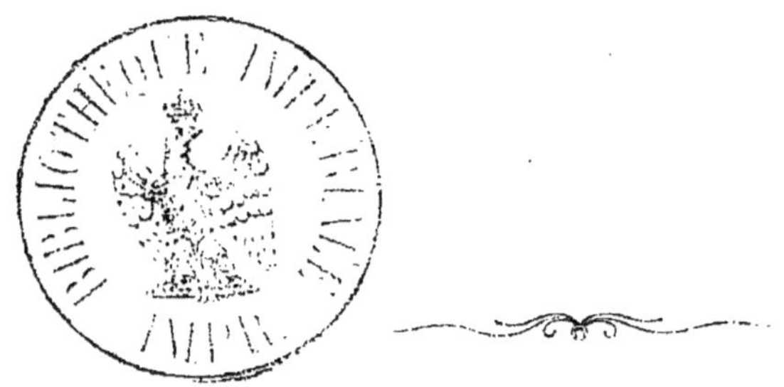

Havre. — Imprimerie Commerciale Costey frères, rue de l'Hôpital, 4 et 6

# POUR PARAITRE PROCHAINEMENT

## LES

# TROIS EMPEREURS

ou

## LA BATAILLE D'AUSTERLITZ

PAR

## JEAN-ISIDORE ROUS

Caporal au 20$^{me}$ de ligne.